É uma iniciativa didática que visa dotar às famílias de diversos recursos educativos para a formação pessoal, emocional e social dos seus filhos e filhas. Ao mesmo tempo, quer contribuir para a construção de uma sociedade mais solidária e inclusiva; respeitadora das crianças e os direitos humanos.

As famílias podem aumentar a inteligência e a auto realização das crianças com amor, de forma atrativa, sensível e significativa desde que possuam entusiasmo, compromisso e o suporte didático adequado.

Nosso objetivo é promover o projeto essencial de educação para crianças em casa.

Deserets learning: uma proposta didática para o lar.

 **www.deseretslearning.com**

 **deseretslearning**

Dedicado a Sofía Prudenza

Agradecimentos:

Mtra. Beatriz Amaral
Mtra. Marisel Pereira
Prof. Manuel Tomas

ANUCHI

CARLOS GARCÍA EGURES

Traduzido por Zuleica da Silva Fonseca Oliveira
Editado por Melany Miglino

Meu nome é Ana Inês, mas todos me chamam de Anuchi, menos minha professora que insiste em me chamar de Ana Pereira. Faz pouco tempo que me mudei para este país e para mim tudo é muito novo. O que mais gosto aqui é a escola, onde tenho vários amigos. Demorei um pouco em me acostumar ao inverno, pois onde nasci nunca faz frio. Então, meu pai teve que comprar uma jaqueta grossa para mim, algo que eu nem sabia o que era.

Durante esses dias frios de inverno, caminhando debaixo de chuva, vi algo mover-se na esquina da minha casa, atrás de umas caixas. No começo fiquei um pouco assustado, mas depois quis saber o que estava acontecendo e me aproximei lentamente. Havia algo se movendo ali, então decidi remover as caixas. Me surpreendi ao encontrar uma sacola de lixo preta com três lindos cachorrinhos dentro. Quem poderia deixá-los assim?

Eles pareciam tão indefesos e fofinhos também. Um era marrom, outro era preto e branco e o menor era amarelado. Não sei se tremiam de frio ou de medo, mas os agarrei para acariciá-los e já não queria mais deixá-los. Então os coloquei debaixo da minha jaqueta a fim de protegê-los da chuva e os levei comigo.

9

Desde que chegamos a este país, moramos com meu pai em um pequeno apartamento que fica no terceiro andar de um antigo edifício e usamos escadas. Sofia, uma menina muito simpática do primeiro andar, me viu com os filhotes e imediatamente saiu para me cumprimentar e para conhecê-los. Ela é muito gentil e sempre que a vejo ela está tricotando na janela. Quando a conheci, pensei que ela era de outro país, como nós.

Meu pai me explicou que ela havia nascido aqui, mas parecia ser diferente porque tinha Síndrome de Down. Não sei bem o que isso significa, mas com certeza faz dela uma pessoa mais carinhosa e feliz do que os outros neste bairro. Ela sempre está alegre e adora dar beijos e abraços. Toda tarde ela sai correndo para me cumprimentar quando me vê chegando da escola e logo me mostra o que está tricotando: um boné para sua tia, um cachecol para o irmão ou luvas para um amigo. Ela é muito habilidosa com as agulhas, embora fale pouco.

Depois de mostrar a ela os filhotes, naquele dia pela primeira vez, subimos juntos para o meu apartamento e ela me ajudou a levar os cachorrinhos pois eram muito travessos e escapavam de mim. Secamos os filhotes com uma toalha, mimamos um pouco e fizemos uma cama para eles com uma almofada velha no chão. Depois me pareceu que eles tinham fome e tentei dar-lhes um pouco de pão, mas eles não o quiseram.

Sofia me disse: –São bebês! Necessitam de leite.– e saiu correndo pelas escadas. Depois de um tempo ela voltou, enquanto eu tentava dar-lhes leite em um pote, seguindo seu conselho. Sofia me olhou surpresa: –Assim não! São bebês! Com isto! Então me mostrou uma mamadeira que enchemos de leite.–

Os filhotes imediatamente a pegaram e começaram a beber. Na verdade, estavam famintos. Nós celebramos e os carregamos como se fossem nossas bonecas. O mais glutão era o preto e branco, por isso o chamamos de Guloso. Os outros dois beberam mais devagar. O marrom chamamos de Chocolate e o amarelado, Dourado. Nos divertimos muito com eles naquela tarde.

A mãe de Sofia a chamou do corredor e ela saiu, depois de me dar um grande abraço e vários beijos. Ela fez o mesmo com Guloso, Chocolate e Dourado.

Depois de um tempo, meu pai chegou e me perguntou o que aqueles cachorrinhos estavam fazendo em casa. Expliquei a ele como os havia encontrado e que me deu pena de deixá-los abandonados. Eles não tinham mãe nem pai. Ele sorriu para mim com uma cara preocupada e disse: –Anuchi, o que você fez é muito bonito. Mas não podemos ficar com eles.–
Imediatamente comecei a chorar, implorando que me deixasse

ficar com eles. Depois de me consolar, ele explicou: –Você sabe que alugamos este apartamento e a proprietária não nos permite ter animais de estimação. Teremos de pensar no que faremos com eles. Enquanto isso, deixarei que passem algumas noites conosco. Ajude-me a limpar toda a bagunça que eles fizeram.– Fiquei muito triste, mas sabia que papai estava certo e decidi colaborar.

No dia seguinte, antes de eu ir para a escola, Sofia bateu na porta. Queria ver os cachorrinhos. Ela trazia uma surpresa, havia tricotado algumas capas pequeninas e alguns gorros de cores combinadas. –Para o frio– ela disse e começamos a vesti-los. Eles ficaram muito engraçados. Tiramos fotos com seu telefone celular. Então nós os abraçamos, beijamos, demos a mamadeira e brincamos com eles por um tempinho.

Finalmente, disse-lhe que não poderia ficar com eles e que naquela tarde meu pai veria o que fazer. Ela me ouviu com muita atenção e quando eu terminei de lhe contar tudo, correu para o apartamento dela gritando: Mãe, mãe!

Eu fui para a escola porque estava atrasada. Fiquei muito triste ao longo da aula pensando que nunca mais veria os filhotes. A professora me perguntou o que havia de errado comigo, mas eu não quis contar a ela.

Quando voltei da escola, Sofia estava me esperando na porta do prédio, muito feliz.

–Minha mãe e seu pai estão conversando– disse animada. Alguns minutos depois, meu pai saiu do apartamento e me contou o que a mãe de Sofia havia proposto a ele.

Elas iriam adotar um dos filhotes. Eu poderia brincar com ele sempre que quisesse, até levá-lo para casa, alimentá-lo ou levá-lo para passear. Mesmo morando na casa da Sofia, ele seria nosso animal de estimação.

-E o que vai acontecer com os outros?- perguntei a ele.
-Parece que as fotografias dos filhotes com suas capas pequeninas e gorros fizeram muito sucesso entre os amigos da Sofia nas redes sociais e todo mundo quer adotá-los. Você e Sofia podem visitá-los sempre que quiserem. Agora precisam escolher juntas com quem ficarão.-

Guloso se tornou nosso animal de estimação compartilhado. Neste verão, nós o levamos para passear juntas. E o melhor de tudo, Guloso me deu, além de seu amor, uma grande amiga: Sofia.

- O que aconteceu com Anuchi?
- Como Sofia a ajudou a resolver o problema que estava enfrentando?
- Que talentos Sofia possuia e como os utilizou?
- Você conhece alguma pessoa com Síndrome de Down? O que você pode aprender com ela?

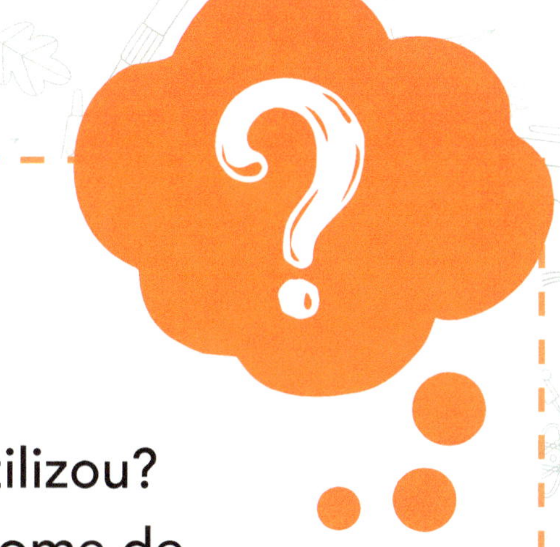

Pessoas com Síndrome de Down podem nos ensinar alguns dos seguintes valores: "Paciência, perseverança, benevolência, bondade, humildade, tranquilidade, lentidão, ordem, minuciosidade, bom humor, afabilidade, afeto, ternura, simpatia, naturalidade, espontaneidade, amizade, companheirismo, lealdade, confiança, honestidade, responsabilidade, amor altruísta e incondicional"[1]. Escolha um destes valores, pesquise seu significado e busque desenvolvê-lo você mesmo. Se você estiver com uma pessoa com Síndrome de Down, identifique quais desses valores ela possui.

---

1 FLÓREZ. J, 2017, Síndrome de Down. Comunicar la noticia: primer acto terapéutico, ESPAÑA, Fundación Iberoamericana Down21, Imprenta J. Martínez.

Como eu inventei essa história?

No meu trabalho como professor, tive a oportunidade de interagir com várias pessoas com Síndrome de Down, com as quais aprendi muito sobre amizade, afeto aos animais e capacidade de estar atento às emoções dos outros.

Alguns deles têm a capacidade de realizar atividades manuais que exigem paciência, como tricô, cestaria, tecelagem ou escultura. Sofía Prudenza é uma delas e tem um grande talento para tricotar, uma atividade que ela gosta muito de fazer. Várias pessoas usam as roupas que ela faz. Ela também é muito carinhosa com os animais e não duvido que, se ela conhecesse alguém como Anuchi, elas viveriam uma aventura semelhante à da história.

Sempre fui uma criança inquieta e imaginativa. Ler, ouvir, escrever, narrar e inventar histórias tem sido um dos meus divertimentos favoritos. Quando eu cresci, eu decidi ser professor e trabalhei com crianças e adultos de todas as idades onde aprendi muito mais sobre a arte de narrar histórias.

Atualmente sou um conselheiro educativo e também escritor. Por meio das minhas histórias, tento construir um mundo mais sensível e solidário. Pode ser que os personagens sejam familiares para você. Isso ocorre porque eles são baseados em pessoas reais que me ensinaram grandes lições. Todos nós temos algo para contar e tento ser o meio para que aconteça.

Espero que você goste das minhas histórias e se quiser pode se comunicar comigo por meio de **garciaegures@gmail.com** ou no meu Instagram **@carlosgarciaegures** para me dar a sua opinião e compartilhar alguma história. De repente, até fazemos uma história juntos!

Carlos, o escritor

Oi! Eu sou Irene Dall'Ora, a ilustradora
dessas histórias. Desenhar é o que mais
gosto de fazer. Desde pequenina adoro
observar tudo o que me rodeia: pessoas, animais, paisagens e situações.
Graças à arte gráfica, consigo expressar
minhas observações junto com meus
próprios pensamentos e emoções neste
aspecto.

O desenho também se tornou no meu
trabalho. Mais do que uma ocupação, é
uma paixão. Isso permite-me comunicar
visualmente todas aquelas histórias ou
mensagens que falam ao coração, ge-
rando uma influência positiva na sociedade e nas pessoas.

Foi um prazer trabalhar neste projeto educativo "Histórias Inclusi-
vas" ao qual desejo muito sucesso pelos valores humanos que
mostra.

Irene, a ilustradora